GÜTERSLOHER
VERLAGSHAUS

G

Gütersloher Verlagshaus. Dem Leben vertrauen

Den Mitarbeiterinnen und Mitarbeitern
im Hospiz Kafarnaum, Baden-Baden

Thomas Weiß

Auch Finsternis ist nicht finster bei dir

Gebete und Meditationen für die Begleitung
Sterbender und Trauernder

Gütersloher Verlagshaus

Inhalt

Aus Verlegenheit

»Meine Zunge klebt mir am Gaumen« (Psalm 22,16). Wer betet – um Hilfe bittet, Klage führt, das Herz ausschüttet, bittet und bettelt –, befindet sich in Verlegenheit. Er oder sie ist verlegen um Hilfe, um Rat, um Hoffnungszeichen wider den grauen, manchmal grauenvollen Alltag.

Menschen, die trauern, die Abschied haben nehmen (oder werden nehmen) müssen von einem, dessen Abschied bisher nicht denkbar war, sind in allergrößter Verlegenheit. Sie fürchten zu verlieren oder leiden am Verlust; sie müssen aus der Hand geben ... und aus der Hand zu geben bedeutet einen Schmerz, der tief in Herz und Fleisch schneidet, der die Seele verwundet, dass ich mich zusammenkrümme vor Verzweiflung.

Eine meiner seelsorglichen Aufgaben als Pfarrer ist es, Abschiednehmende, Sterbende und Trauernde zu begleiten. Sehr oft ist dabei eine gemeinsame Erfahrung – der Begleiteten und des Begleiters –, dass wir angesichts von Krankheit, Verlust und Tod um Worte verlegen sind. Was soll ich (noch) sagen, wenn der Tod ins Haus steht? Wenn der Schmerz umherschleicht und wartet, dass er sich auf mich werfen kann? Buchstäblich klebt mir da die Zunge am Gaumen, ich kann nur noch lallen und finde keinen Ausdruck für das, was schwer und allzu schwer ist, es sei denn das verzagte Seufzen oder der verzweifelte Schrei.

Es ist so: Für die grundstürzende Unsicherheit, die eine Krankheit zum Tode mir in die Seele legt, für die schleppenden Schritte auf dem letzten Weg, für die Last der Leere, die der Verlust des Geliebten mir auferlegt, für die dunkle, atemlose Arbeit des Trauerns gibt es keine angemessenen Worte. Keine Worte, die hilf- und trostreich ausdrücken, was es zu erleiden und zu erhoffen gibt.

Es stimmt wohl: Für die tiefgreifenden Situationen, die besonderen Erlebnisse, die umwerfenden Erfahrungen unsres Lebens haben wir keine Worte: für die Liebe nicht und nicht für den Tod, für das Wunder, dass Leben wird, nicht und nicht für den Schmerz, dass Leben vergeht. Dazu reicht unser – bisweilen dürftiger – Wortschatz nicht hin.

Was tu ich aber, wenn mir die Zunge am Gaumen klebt? Dieses Bild stammt aus den Psalmen, dem Gebetbuch der Bibel – und will wohl sagen: Wenn du keine Worte hast, dann bete.

Es ist bemerkenswert, wie viel in den Psalmen vom Lallen und Stammeln, vom Stottern und Stolpern gesprochen wird, von der unfertigen, ungelenken Rede also, vom verlegenen Wort. Ein sehr menschliches Gebetbuch ist der Psalter; diese alten Lieder kennen uns sehr genau – und geben uns Raum. Geben dem Raum, was uns bedrängt, belastet, bewegt, was uns beglückt und tröstet. Sie wissen um Zorn und Klage, um Leidenschaft und Sehnsucht, um verzagte und getroste Hoffnung; sie nehmen kein Blatt vor den Mund.

Ich habe von den Psalmen das Beten gelernt. Habe darin die Erlaubnis gelesen, all meine Verlegenheit Gott vorzutragen, recht und schlecht, wahrhaftig und schlicht, so gut es eben geht. Für die Psalmen ist Gott nicht der Hehre und am Ende Unnahbare, vor dem ich mich erst tief beugen muss, bevor ich die Stimme erheben darf. Er ist der nahe Gott, der mich noch hört, wenn ich schon verstummt bin und nur noch die Not aus meinen Augen und meinen Tränen spricht. Er ist der Gott, der sich zum Partner meines Lebens macht, zum Liebenden auf Augenhöhe, der bereit ist, auszuhalten, was ich zu beklagen habe; der auch meinem Zorn und (viel schwerer noch) meiner Verzweiflung standhält. Gott hört – das ist das Allertröstlichste. Da ist kein Klagewort, kein Schmerzensschrei, kein Trauerseufzen, das ungehört verklingt. »Es ist kein Wort auf meiner Zunge, das du, Gott, nicht schon wüsstest.« (Psalm 139,4)

Die Gebete, die dieses Buch versammelt, nehmen (wenn es eine solche denn braucht) aus den Psalmen ihre Erlaubnis, direkt und offen zu sein, kein Blatt vor den Mund zu nehmen, in Sehnsucht und

Trost gleichermaßen wahrhaftig zu sein. Sie sind verlegene Worte in der Sprachlosigkeit, die ich – selber Trauernder und Verletzter und als Begleiter von Trauernden und Verletzten – schmerzlich empfinden kann und für die ich Worte brauche. Es sind Gebete aus Verlegenheit, die dort noch nach Worten suchen, wo es eigentlich keine Sprache mehr gibt. Gebete kurz vor dem Lallen, der Klage, der Frage, aber auch: Gebete, kurz bevor die Stimme versagt, weil ich getröstet wurde, weil ich mich geborgen weiß.

Viele Gebete dieses Buches habe ich so oder ähnlich selbst gebetet, an Kranken- und Sterbebetten, in Trauerhäusern und auf Friedhöfen, in jedem Fall sind sie aus Begegnungen erwachsen. Aus eigenen Begegnungen mit Trauer und Tod, Angst und Schmerz, und vor allem aus Begegnungen mit Menschen, die mir vertraut haben, die ich begleiten durfte und darf. Gebete sind es also, die in bestimmten Situationen gebetet wurden – situative, exemplarische Gebete. Mit ihnen möchte ich Leserinnen und Leser dieses Buches ermutigen, selbst zu beten, die eigene Stimme ins Trauerspiel zu bringen, die eigenen Worte zu versuchen, so verlegen die auch sein mögen. Ich hoffe, dass meine Worte aus Verlegenheit dem einen und der anderen aus dem Herzen sprechen und sie so Trost finden. Den Trost vor allem, dass nichts von dem, was ich sage, und nichts von dem, für das ich keine Stimme mehr habe, ungehört bleibt.

Die Gebete des Buches mit seinen fünf Teilen beziehen sich auf bestimmte Trauersituationen: auf den Abschied von einem Kind, von einem Menschen, der sich das Leben nahm, auf die Trauer um einen Erwachsenen. Gebete für Menschen, die andere in ihrer Trauer begleiten, sind dabei, und Gebete, die unsere eigene Sterblichkeit im Blick haben. Auch wenn die Gebete auf spezifische Erfahrungen hin formuliert sind (sonst wären sie wohl unzutreffend!), so bieten doch alle Gebete einen Sprachraum, in den sich Leserinnen und Leser hineinbegeben und betend sich selbst finden mögen.

Mit der eigenen, auch versagenden Stimme zu beten, das habe ich nicht allein gelernt. Menschen gab es, die mich ermutigt haben und die mir Anteil gaben am eigenen Schmerz und der eigenen Sehnsucht. Vor allen anderen danke ich den Mitarbeiterinnen und Mitarbeitern im Hospiz Kafarnaum, Baden-Baden, für ihre leidenschaftliche Lebendigkeit und ihre mitfühlende Zuwendung, die verlegenen Worten immer wieder Raum und Ort geben. Ihnen ist dieses Büchlein zugeeignet.

Im Frühjahr 2011, Thomas Weiß

Im Himmel geschrieben

> Freut euch, dass eure Namen
> im Himmel geschrieben sind.
>
> Lukas 10,20

Charlotte, Alexander, Max und Anne ... – wir geben unseren Kindern Namen. Weil diese Namen Bedeutung haben, weil sie schön klingen, uns an Menschen erinnern, denen wir uns verbunden fühlen – Vater oder Großmutter, Tante oder Freund. Wir nennen unsere Kinder beim Namen, haben ihre Namen oft und oft ausgesprochen: Als wir einen Namen suchten für den Sohn, die Tochter, da haben wir Namen gekostet und auf der Zunge zergehen lassen; als uns die Hebamme nach der Geburt fragte, wie der Kleine, die Kleine heißen solle, nannten wir den Namen mit Erleichterung und Stolz; als wir das Neugeborene den Freunden vorstellten, haben wir ihnen seinen Namen anvertraut; als wir das Kind zur Taufe brachten, klang sein Name durch die Kirche bis in Gottes Ohr.

Wir haben seinen Namen glücklich herausgelacht und ängstlich herausgerufen, wir haben ihn streng beschworen und ihm scherzhaft eine Koseform gegeben. Hunderte, tausende, unzählige Male haben wir ihn ausgesprochen. Auch am Krankenbett, in Verzweiflung, die Stimme zitterte; auch im Gebet, flehentlich, zornig; auch in den letzten

Stunden und Minuten vor dem Abschied, leise, immer leiser – und mit Tränen getränkt, als unser Kind gestorben war.

Nun erinnern wir uns, namentlich, und jedes Mal, wenn sein Name laut wird, schwingen Schmerz und Trauer mit. Seit er, seit sie gegangen ist, wird sein, wird ihr Name immer seltener genannt. Wir treffen uns nicht mehr täglich, Freunde und Bekannte verschweigen ihn, aus falsch verstandener Rücksicht. Und ihn in Stein gemeißelt zu sehen, auf dem Friedhof, am Grab, das ist kaum zu ertragen.

Wird er nun langsam verklingen, dieser Name? Wird er – wie es von Namen doch heißt – Schall und Rauch und schließlich vergessen sein; und wir die Einzigen, die sich seiner erinnern, seiner und des Kindes, das ihn getragen hat, dieses einmaligen, unverwechselbaren, zu früh verabschiedeten Menschen?

Nein! Kein Name wird vergessen sein, kein Name verschwebt im Nichts, kein Name wird einmal für immer ausgesprochen – gesprochen und dann aus – sein. Gott, der diesen besonderen Menschen schuf, dem wir einen Namen gaben, weil wir ihn lieben, Gott hält ihn fest, hält ihn im Gedächtnis – und Gott vergisst niemanden. »Freut euch, dass eure Namen im Himmel geschrieben sind!«, sagt Jesus einmal, als er gefragt wird, was wirklich wichtig sei: Vollmacht, Heilkraft, Unverwundbarkeit. Das alles nicht, sondern: dass Gott uns im Gedächtnis hat. Uns – und die, die gegangen sind, die, deren Namen wir in uns tragen, als Glück und als Schmerz.

»Freut euch!« – Ich bin sicher: Jesus strahlte nicht übers ganze Angesicht, als er das sagte, er schwang nicht das Bein im Freudentanz. Das weiß er gut: Freude reicht tiefer als ein Glücksgefühl, als der Taumel der Jubelnden, Freude erfüllt die Seele, und das geschieht zuweilen still, das geschieht dann leise, wenn die Seele Trost braucht: »Seid getrost!«

Das ist zum Trost gesagt, dass die Namen unsrer Kinder im Himmel geschrieben sind – wo aber da? Im großen Buch des Schicksals, das Wohl und Wehe ver- und vorzeichnet? In göttlichen Akten, von Petrus oder einem der Erzengel – zuständigkeitshalber, unter A bis Z – angelegt und im Staub der Jahrtausende vergessen? Geschrieben und zur Seite geschoben: Meine Güte, es gibt ja noch Millionen andere! Wer soll sich das alles merken? Gott merkt es sich, Gott merkt sich: Charlotte, Alexander, Max und Anne, und wie mein Kind geheißen hat.

Der Himmel, das ist Gottes Herz. Gott hat sich mein Kind ins Herz geschrieben. Aus seinem Herzen kann es keiner reißen, auch der Tod nicht, in seinem Herzen ist es geborgen; da nennt Gott es beim Namen, damit es sich zuhause fühlt. Und dort freut es sich, mit der Freude derer, die nicht vergessen und verloren sind, die der Tod nicht namenlos gemacht hat.

»Seid getrost!« – es ist ein mühsamer Trost, weil wir unser Kind doch gerne bei uns hätten, weil wir ihm doch seinen Namen gerne selbst sagten, und weil es doch immer noch zuhause ist in unseren verletzten Herzen. Aber da es gegangen ist, halten wir seinen Namen im Gedächtnis, wie Gott es tut; sprechen wir ihn – herzlich – aus, wie Gott unser Kind anspricht in seinem Herzen. Und sehen Sie, so verbindet es uns. So sind Gott und wir verbunden, im Gedächtnis seines Namens, so rührt sein Herz an unseres, weil unser Kind in unser beider Herzen, im irdischen und im himmlischen, wohnt.

Ganz getröstet und voll unbändiger Freude werden wir sein, wenn wir unsere Wohnung auch einmal dort finden, dort, wo unsere Namen geschrieben sind und wo Gott sie dann – unsere und den unseres Kindes – in einem Atemzug nennt.

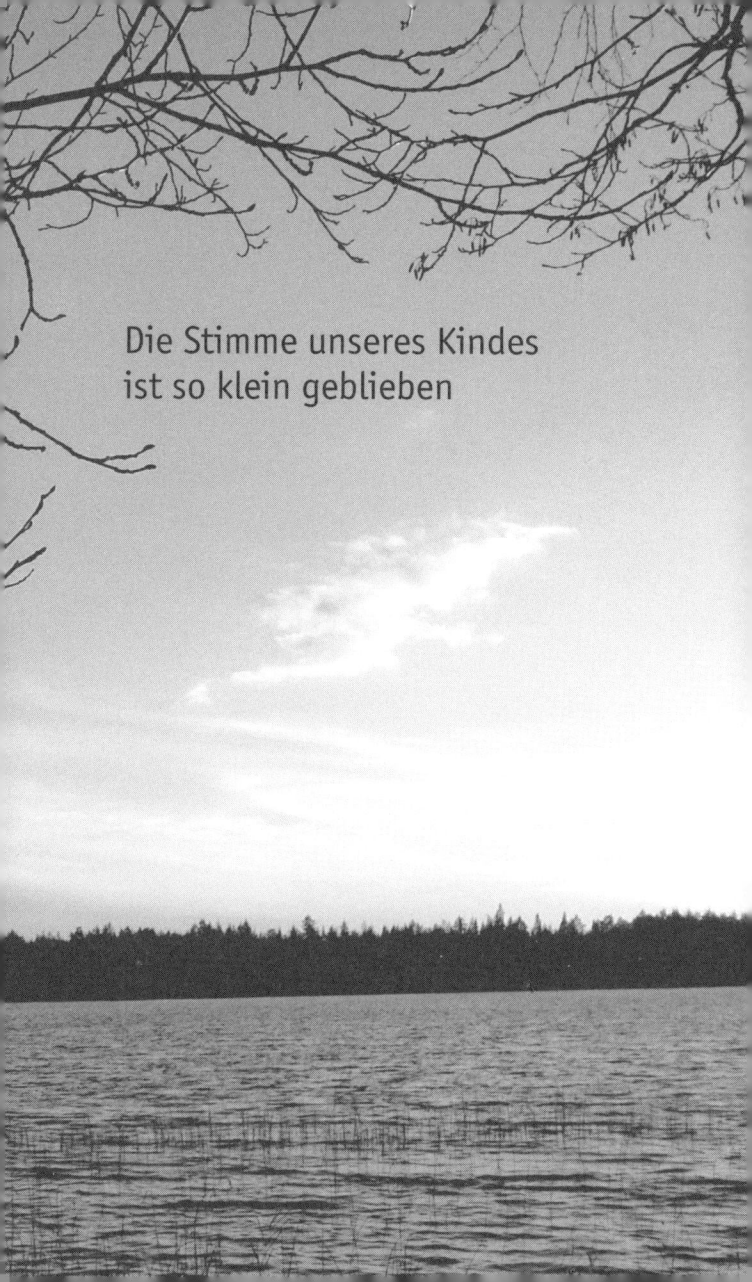

Die Stimme unseres Kindes
ist so klein geblieben

Bis zuletzt, mein Gott,
habe ich ihre Hand gehalten,
die kleine, zarte, kraftlose Hand.
Ganz umschlossen habe ich sie mit der meinen
und gespürt dabei, wie sie schwach
und immer schwächer wurde.
Ihr Leben hat sich davongeschlichen
wie eine Katze, die in die Nacht taucht, leise.
Ich wollte sie festhalten,
aber ich bin nicht stark genug.
Du, Gott, bist zärtlich und stark,
du birgst sehr sanft,
du empfängst ihre Hand aus meiner
und nimmst sie an.

Er hat einen großen Schritt getan
mit den kleinen Füßchen und Beinchen.
Einen Schritt, dem ich nicht folgen kann.
Ich bin doch schon weite Wege gegangen,
bin kräftig ausgeschritten
und habe steile Pfade nicht gescheut.
Aber nun – ist er mir einen Schritt voraus,
nun weiß er mehr als ich.
Ich will geduldig sein,
neugierig bleiben und Kräfte sammeln,
bis ich einmal folgen kann.
Geh neben mir, mein Gott,
wie du jetzt mit ihm gehst,
und halt mich auf dem Weg.

Mein Kind, Gott, bitte: Halt seinen Namen fest,
behalte im Gedächtnis, was es sagte und tat,
sein Spiel, sein Lachen, seinen Gesang.
Kein Wort soll verloren gehen,
kein Seufzen vergessen sein,
all die Mühe sollst du erinnern,
und jedes feine Lächeln, jeden neugierigen Blick.
Gott, höre, ich vertraue dir mein Kind an.
Ich lege es dir aufs Herz.

Als ich sie geboren habe, mein Gott,
da war der Schmerz sehr groß.
Mein Leib tat weh, bis in die letzte Faser,
als wollte ihr Lebenswille mich zerreißen.
Heute zerreißt der Todesschmerz mir die Seele.
Die Wehen vergingen,
als sie den ersten Schrei tat.
Doch nichts erleichtert dieses Todesschweigen,
das mein Weh nur immer tiefer macht.
Wer zu dir kommt, Gott,
wer in die Ewigkeit geboren wird,
der geht durch einen todesstillen Schmerz.

Gott, die Stimme unseres Kindes
ist so klein geblieben,
so zaghaft und zerbrechlich.
Ich werde niemals hören,
wie sie voll und weit tönt,
kein lautes Lachen,
kein Schimpfen, Singen, Rufen.
Sein Mund ist verstummt.
Nimm du, Gott, dieses Stimmchen auf,
lass es wachsen, entfalte es
und mach es groß bei dir.
Ich will seine Stimme hören,
voll und weit,
wenn ich ihn wieder treffe.

Mein Gott, was hab ich falsch gemacht?
Warum hab ich mein Kind
nicht mit mehr Lebenskraft ausstatten können?
War ich nicht aufmerksam genug,
hätte ich die Krankheit verhindern können?
Mein Gott, bin ich schuldig geworden,
habe ich etwas versäumt?
Du schaust nach mir,
und wenn ich ruhig bin,
höre ich dein »Nein!«,
in jedem Atemzug meines Kindes;
ich sehe es in seinen Augen.
Wenn ich nicht schuldig bin, mein Gott,
dann hilf mir,
jetzt das Richtige zu tun!

Du, Gott, ich liebe dieses Kind!
   Wie soll ich leben ohne diesen Schatz,
ohne sein Lachen, seinen sanften Blick,
ohne seine feinen Hände,
seinen Mut?
Gott, ich liebe dieses Kind!
Wie liebe ich dieses Kind!
Und weil ich es liebe, Gott,
darum bitt ich dich –
mit gebrochener Stimme,
mit schreiendem Herzen –
bitt ich dich:
Öffne deine Arme,
reich deine Hände,
streich den Schmerz aus seinen Gliedern,
gib den müd gewordenen Augen ihren Schlaf.
Und wecke es erst wieder,
wenn es heil und still geworden ist
bei dir.

Mein Gott, ich hab sie doch kaum gekannt.
Nun werde ich nicht sehen,
wer sie hätte werden können,
wem sie ähnlich sehen würde,
welche Träume, welche Ängste sie haben würde.
Und doch, mein Gott, waren wir uns vertraut.
Wir haben zusammengehört,
haben einander bereichert,
wenn auch nur für kurze Zeit.

Das Gefühl, ihn unter dem Herzen zu tragen,
sein allererstes Wort,
wie er niesen musste beim Morgensonnenlicht,
der Schneemann, den wir bauten,
sein Einschulungstag mit der riesigen Tüte
und wie er damals so viel mutiger war als ich,
als er das erste Tor schoss,
die vielen Male, da ich stolz war
auf seine Stimme,
seine altklugen Sätze,
und wie ich ihn achtete für seine Wut,
wenn es ungerecht zuging irgendwo.
Gott, all das, mein Gott,
will ich als Erbe behalten von ihm.
So reich,
so unglaublich reich bin ich,
beschenkt,
auch wenn ich jetzt trauern muss.

Mein Gott, ich habe versucht,
sie festzuhalten,
mit aller Kraft,
aber klein, so klein ist meine Kraft.
Der Tod hat sie mir aus der Hand genommen,
und ich konnte nichts dagegen tun.
Jetzt steh ich vor dir,
mit leeren Händen,
schwach und erschöpft.
Ich kann sie nicht einmal mehr zum Beten falten.
Bitte, gib mir etwas Mut,
damit ich mein eigenes Leben
wieder in die Hand nehmen kann.

Ach Gott, ich muss immer an das denken,
was noch hätte werden können:
wie er heranwächst,
Leidenschaften entdeckt, sich selbst kennenlernt,
einen Beruf findet, der ihn zufrieden sein lässt,
wie er Liebe erfährt und Partnerschaft
und eines Tages seine Kinder anschaut,
glücklich, ängstlich, bewegt –
so, wie ich ihn angesehen habe.
Gott, bitte hilf mir,
den Kopf und das Herz
frei zu bekommen von dem,
was hätte werden können,
und frei zu sein,
das zu denken, was kommen wird:
dass er Frieden hat bei dir!

Gott, hast du ihn mir genommen?
Es sieht so aus,
als seist du eifersüchtig auf unsere Liebe,
als wollest du mich nicht Vater sein lassen,
um selbst sein Vater sein zu können!
Es sieht so aus,
es fühlt sich so an –
und ich hadere mit deiner Eifersucht,
die das Liebste von meiner Seite reißt,
das mir je geschenkt worden ist.
Warum hast du's mir dann erst gegeben?
Warum hast du uns nicht allein gelassen,
allein und in Ruhe?
Dann müssten wir jetzt nicht klagen.
Gott, sag mir, zeig mir,
dass du nicht rücksichtslos bist,
dass es gute – wirklich gute – Gründe gibt!

Der Tod umfängt ihn wie ein Schlaf –
und er schläft tief.
Wenn ich ihn jetzt weckte,
wäre der Schmerz wieder da.
Aber ich kann es ja nicht.
Wenn du ihn weckst,
wird er geheilt sein und lachen.
Du kannst es.

Ich will ihn nicht verlieren!
Mein Gott, ich will ihn nicht verlieren –
habe ich gebetet, gebettelt, gefleht.
Nun ist er fort.
Und ich habe ihn nicht verloren,
weil bei dir niemand verloren geht,
weil du jeden, jeden findest.

Mein Gott, wenn sie nun zu dir kommt
und frei werden wird von all der Mühe,
wenn sie dann lachen wird,
wie sie es schon monatelang nicht mehr konnte,
wenn sie herumspringen und spielen wird
an deinen Quellen, auf deinen Auen,
bewahrt von dir,
unter deinen heilsamen Augen –
Gott, wird sie sich dann noch an mich erinnern,
ein bisschen wenigstens?
Wird sie mich noch kennen,
wenn ich folge?
Gott, ich wünsche mir so,
dass sie mich wieder in die Arme schließt,
später einmal,
dass da die alte Liebe sein wird zwischen uns!

Gott, gern hätte ich noch
ein wenig gesprochen mit ihm,
gefragt, wie er sich den Ort vorstellt,
zu dem er jetzt kommt.
Ich glaube,
er hätte von Farben geschwärmt,
von anderen Kindern,
mit denen er spielen könnte,
von Katzen und von dem Kuschelelefanten,
den er so liebt.
(Du musst einen bereithalten für ihn,
er braucht ihn zum Einschlafen!)
Ich weiß, Gott,
was wir wirklich empfangen bei dir,
und wie wir willkommen geheißen werden,
das übersteigt unsere Fantasie,
das ist größer als unsere Träume.
Wie glücklich wird er sein!

Mein Gott, mich beschäftigt sehr,
was aus ihm werden wird,
wenn er bei dir lebt.
Wird er erwachsen werden
und dann verstehen wie ein Großer?
Oder bleibt er Kind
und du sprichst in Bildern und Gleichnissen,
die er begreifen kann?
Gott, bitte gib ihm genau die Worte,
die er jetzt braucht,
um ohne Furcht zu sein.

Wird er sich sehnen nach mir, Gott?
Wird er mich in Erinnerung behalten
und mich vermissen?
Tut ihm das weh,
oder werde ich nur ein vager Gedanke sein?
Oder ganz vergessen?
Gott, ich wünsche mir,
dass ich in seinem Herzen nicht verblasse;
und dass du ihn tröstest
und in die Arme schließt,
wenn er sich alleine fühlt.

Gott, lehre mich zu leben,
wie mein Kind seine letzten Tage gelebt hat:
dankbar für gute Worte,
für teilnehmende Blicke,
eine zärtliche Geste.
Dankbar für jeden neuen Tag.
Und getrost in der Gewissheit,
geliebt und gehalten zu sein.

Gott, du nennst uns alle:
deine Kinder.
Die Kleinen, die gehen,
die Großen, die bleiben, auch.
Weil du uns birgst.
Gott, wir nennen dich:
Mutter, Vater.
Ja, birg uns
in deinen weiten Armen,
damit wir uns verbunden wissen,
auch wenn die Kleinen hinter der Schwelle leben
und wir davor.

Nicht finster bei dir

... so wäre auch Finsternis nicht finster bei dir.

Psalm 139,12

Die Beweggründe bleiben im Dunkeln. Es gibt wohlfeile Erklärungen, es gibt hilflose Deutungsversuche und neunmalkluge Besserwissereien, die retten möchten, was an Trost und Hilfe nicht zu retten ist. Warum geht ein Siebzehnjähriger, der doch alles noch vor sich hat, und lässt uns ratlos zurück? Gab es für den Mann und Vater keine andere Lösung, als die Verantwortung von sich zu werfen und seinem Leben – mit uns – ein Ende zu setzen? Hätten wir die Frau nicht halten können, trotz ihrer Krankheit zum Tode, ihrer Verzweiflung, die sie lieber in die Todesstille fliehen ließ, als diesen Lärm um sie und in ihr noch weiter auszuhalten?

Wenn sich einer das Leben, das ihm gegeben ist, nimmt, handelt er dann wirklich: freiwillig? Oder war er ein Getriebener, ein Gezeichneter, der sich nicht mehr anders zu helfen wusste; war er todkrank an der Seele und nicht zurechnungsfähig – oder doch einer, der sich heroisch verabschiedet, der seine Angelegenheiten in die Hand genommen hat, selbstbestimmt, der nur eben zu einer Lösung kommt, die wir nicht begreifen, die uns selbst fremd wäre, beängstigend?

Einer wird auf der Straße überfahren, eine stirbt in ihrem Krankenbett, das Kind leidet am Herzen und keine Kunst kann es retten – dieses Sterben, diese Tode sind nicht leichter zu tragen, aber: Hier kann ich Gründe nennen. Legt einer Hand an sich selbst, gehen mir die Deutungen aus.

Jeder Tod wirft einen Schatten; der Schatten der Selbsttötung aber ist grau und kalt, und er taucht nicht nur den, der sich fortmacht, ins eisige Zwielicht. Er stellt dunkle Fragen: an die Familie, die ihn nicht hat halten können; an den Partner, der zu spät gemerkt hat, dass etwas nicht stimmt; an die Freunde, die den rauen Klang der Lebensmüdigkeit in der Stimme des Freundes nicht gehört haben.

Und nun stehen wir tief verletzt, betroffen, haltlos, mit Schuldgefühlen da und mit kaum beherrschter Wut – auf uns selbst, dass wir's nicht besser wussten, auf den Aussteiger, weil er uns mit alledem alleine lässt, weil er uns keine Chance mehr gibt, es gut und besser zu machen. Aber was hätten wir denn einwenden können gegen Lebensunlust und Lebensmüdigkeit, gegen Todessehnsucht und Todverfallenheit? Wie nun umgehen mit Zorn und Scham und Schande, mit der Last seines Todes und der Lust, ihm nachzueilen?

Wie auf alle Fragen, die der Tod – welcher Tod auch immer – stellt, gibt es keine raschen Antworten, wenn einer mit Bedacht ging und uns bewusst zurückließ. Ich spüre in Gesprächen, dass viel bedeutsamer als die Antwort – die schnell gegeben werden mag und gerade so schnell wieder in Frage steht – die Perspektive ist. Nicht: Warum hat er, hat sie das getan, sondern: Was wird aus ihm, aus ihr werden? Viel mehr als Erläuterung brauche ich: Hoffnung.

Hoffnung sogar über diesen Tod hinaus, den der, der starb, in der Hand hatte. Früher hieß es, dass »Selbstmörder« keinen Platz auf dem Gottesacker hätten, da sie veruntreuten, was Gott ihnen schenkte. Gott schreitet da vehement ein und sagt das Seine dazu. Keiner geht verloren: »Führe ich gen Himmel, so bist du da, bettete ich mich bei den Toten, siehe, so bist du auch da. ... Spräche ich: Finsternis möge mich decken und Nacht statt Licht um mich sein, so wäre auch Finsternis nicht finster bei dir.« (Psalm 139,8-12).

Ich höre aus diesen Zeilen: Die Flucht aus dem Leben – gelingt nicht. Wer aus Verzweiflung oder mit Bedacht in den Tod geht, der fällt nicht aus dem Leben heraus. Er geht wohl – im Bild gesprochen – an einen anderen Ort, aber da ist kein Ort, da Gott nicht wäre: »Am Ende bin ich noch immer bei dir« (Psalm 139,18)! Wer gegangen ist, wird sich seinen Aufgaben weiter stellen müssen; wer gegangen ist, hat seinen Weg nicht einfach beendet; wer gegangen ist, bricht nicht einfach ab und zieht den Tod als kleineres Übel vor, der wird geheilt und hat Zukunft.

Und was für eine Zukunft?

Und was für eine Zukunft! Der Psalm macht den Horizont tatsächlich weit und hell: » ... so wäre auch Finsternis nicht finster bei dir, und die Nacht leuchtete wie der Tag. Finsternis ist wie das Licht.« Wer fort geht – wie auch immer –, geht zu Gott. Und dort wird es Erhellendes geben, Klärungen! Wen die dunkle Verzweiflung getrieben hat, den heilt die helle Liebe, mit der Gott ihn ansieht und empfängt; wer vor Herausforderungen geflohen ist, der wird zu klären haben, was ihm die Kraft raubte und die Verantwortung in den Wind schlagen ließ – und er wird es klären können. Wer den Schmerz fürchtete, wird Heilung erfahren; wer sich nicht mehr zu helfen wusste gegen die Lebensverdunkelung, wird im Lichte Gottes sehen, dass sein Leben strahlend und bunt wird.

Und wir Zurückgebliebenen, Zurückgelassenen mit unserer Ratlosigkeit, unserer Wut, unserem Schmerz? Es heißt: Von dort ist noch keiner zurückgekehrt. Das stimmt wohl. Aber von dort her macht sich ein kleines, sanftes Leuchten breit. Dieses Licht, das mitten in der Finsternis leuchtet und sie am Ende vertreibt. Auch unsere – und wenn er und ich dann einmal im Licht stehen, werden wir auch das erhellen können, was sich dunkel zwischen uns geschoben hat.

Er hat mich zurückgelassen

Gott, o mein Gott, er hat mich zurückgelassen,
er hat mich stehen lassen
mit diesem Scherbenhaufen
seines, meines, unseres Lebens.
So viel war zerstört,
wir konnten nicht mehr reden miteinander,
all mein Bemühen ist gescheitert.
Wie um mich zu bestrafen,
hat er mich allein gelassen:
»Schau, wie du damit fertig wirst!«
Aber ich werde damit nicht fertig,
diese Wunde wird brennen,
so lange ich bin.
Und ich kann keine Verantwortung mehr
übernehmen für ihn,
und er hat sich
aus der Verantwortung geschlichen.
Hilf mir, bitte hilf mir,
dass ich Antworten finde für mich selbst
und dass ich leben kann mit den Fragen.
Lass du mich nicht allein
vor diesem Scherbenhaufen.

Gott, ich möchte ihm vergeben.
Ich weiß, dass ich das sollte,
auch um meinetwillen,
um leben zu können ohne Zorn,
um ihn im Gedächtnis zu behalten ohne Groll.
Aber es wird seine Zeit – lange Zeit – dauern,
bis aus dem Wunsch,
bis aus der Einsicht
Gefühl und Haltung werden.
Du bist sehr groß im Vergeben,
du bist sehr weit im Verstehen.
Gib mir Anteil daran –
und, Gott: Es ist nicht wenig,
was ich brauche davon.

Er muss diesen Tod,
der mich so tief verletzt,
anders gesehen haben als ich, mein Gott.
Als Freund, der ihn birgt,
als Stille, die ihn beruhigt,
als Dunkelheit,
die alles Grelle aus seinem Leben scheucht.
Gott, gib mir ein wenig von seinem Blick,
damit mich nicht nur das Grauen ergreift,
damit ich etwas fühle und verstehe
von der verzweifelten Sehnsucht,
die ihn dem Tod in die Arme getrieben hat.
Und ihn und mich lass spüren,
dass du es bist,
der birgt und beruhigt.

Früher haben sie für die,
    die sich das Leben nahmen,
keinen Platz gehabt auf dem Gottesacker.
Doch ich weiß, Lieber,
dass dein Feld viel weiter ist,
dass keiner die Heimat verliert bei dir,
auf welchem Weg auch immer
er zu dir kommt.

Ich werde diesen Anblick nie vergessen,
diesen Todesschrecken bis tief ins Herz,
diesen Schrei,
der mir im Halse stecken geblieben ist.
Wie soll ich leben, Gott,
mit diesem Schlag, mit dieser Wunde?
Das wird nie verheilen,
das wird mich verfolgen bis in meine Träume.
Gott, ich schreie und flehe dich an,
wenn ich irgendwie lernen kann,
in dieser Hölle einen Weg zu finden,
dann lehre es mich.
Und wenn es einen Ausweg gibt,
dann nimm mich bei der Hand.

Mein Gott, wozu das alles?
Was hat er davon
und was soll ich lernen?
Wozu, Gott, wozu?
Ich sehe das nicht,
ich sehe gar nichts.
Ich bin blind, Gott,
heile mich,
tu mir die Augen auf!

Gott, bitte hilf mir,
sein Leben nicht nur
von diesem Ende her zu beurteilen.
Hilf, dass ich mich erinnern kann –
und sei es unter Tränen –
an all die guten Tage,
an Verständnis füreinander,
an gemeinsame Träume
und an die guten Erlebnisse,
die uns verbunden haben.
Die auch sein Fortgehen nicht auslöschen kann.
Hilf, dass ich in ihm
nicht nur den Dunklen und Kranken sehe,
den ich nicht begreife,
der mir Angst macht.
Ich will auch an das denken,
was uns glücklich gemacht hat.

Gott, bitte lass sie nicht verloren sein für mich.
Sie ist aus der Welt herausgefallen,
weil sie keinen Halt mehr fand.
Fang du sie auf,
bewahre sie in diesem Sturz ins Nichts,
den sie all ihrer Not vorgezogen hat.
Wenn ich sie bei dir weiß,
dann bleibt sie mir so nahe,
wie du es bist.

Er hat mich bestohlen, Gott:
Die Hoffnung ist fort.
Dieses Gefühl, dass es doch noch
gelingen könnte,
seinem Leben eine Richtung zu geben.
Er hat uns die Zukunft genommen.
Da er nun bei dir ist,
nimm ihm Hoffnung und Zukunft aus der Hand
und bewahre sie gut auf.
Wenn ich folge,
will ich wieder hoffen können.

Gott, du hast ihm sein Leben gegeben,
er hat sich sein Leben genommen.
Hat es zurückgegeben,
als wolle er es nicht,
als habe es keinen Wert.
Gott, sei ihm nicht böse,
dass er dein Geschenk abgewiesen hat.
Er hat es nicht verstanden,
er hat es nicht besser gewusst.
Jetzt, da er zu dir gegangen ist,
jetzt wird er begreifen.
Und ich bin sicher:
Es wird ihm leid tun.
Du trägst es ihm nicht nach!

Sein Tod, Gott,
dieser fürchterliche Tod,
der macht mich zweifeln –
zweifeln an dir.
Wo bist du gewesen,
als er stumm zu dir schrie?
Warum hast du geschwiegen,
als ich Antworten brauchte?
Wie kannst du so ruhig bleiben,
da es mir das Herz zerreißt?
Gott, halt meinen Zweifel aus,
damit ich spüre,
dass du mich hältst.

Ich bin sicher, Gott,
er dachte,
er müsse sein Leben
selbst in die Hand nehmen –
und hat es verloren dabei.
Lies du es auf.
Du weißt damit umzugehen.

Gott, ich habe ihn nicht erreicht,
als ich versucht habe zu raten,
zurecht zu bringen,
als ich schimpfte und stritt,
als ich's im Guten versuchte
und mit Nachdruck.
Er ist taub geblieben,
er konnte sich nicht öffnen.
Jetzt wirst du ihm die Ohren auftun,
wirst du seine Taubheit heilen,
und er wird hören,
dass du ihn liebst,
zurecht bringst,
alles zum Guten wendest.

D u nimmst mich am Ende mit Ehren an«,
heißt es im Psalm.
Und du wirst ihn, Gott,
den ich liebte
und der doch keinen anderen Ausweg sah,
den ich betrauere
und den ich doch nicht halten konnte,
du wirst ihn in Ehren halten,
trotz allem.
Weil jeder seinen Platz hat in deiner Liebe,
weil keiner seine Würde verliert vor dir.

Mein Gott, wie unglücklich
dieser Abschied auch ist,
wie viel Gefangen-Sein dabei ist,
wie viel Schuld und Verzweiflung auch immer –
du breitest deine Arme aus,
du empfängst und nimmst in Schutz,
du lächelst heilsam.
Und Fehler können erkannt werden,
der Atem geht wieder frei,
die ängstliche Enge ist fort,
und die Verzweiflung muss der Ermutigung
weichen.

Ja, ich will euch tragen

> Ja, ich will euch tragen, bis ihr grau werdet.
> Ich will heben und tragen und erretten.

Jesaja 46,4

Leichte Abschiede? Die gibt es nicht, meiner Erfahrung nach. Wo der Tod trifft, trifft er hart. Auch wenn abzusehen war, dass der Vater sterben würde, da er lange schon im Bett lag und seine Kräfte schwanden: Am Ende bricht der Tod doch herein, durchbricht er den vertrauten Alltag von Sorge und Pflege, an den wir uns gewöhnt haben. Oder er kommt aus dem Hinterhalt, springt uns an wie ein Tier und reißt den Mann, die Frau, den Freund von meiner Seite – ein Unfall, eine rasend schnell verlaufende Krankheit, das Herz versagt plötzlich seinen Dienst. Der Tod schlägt hart zu, kommt immer zur Unzeit, wir sind ihm ausgeliefert.

Das ist – wie es scheint, wie die Erfahrung sagt – eine der Bedingungen unserer menschlichen Existenz: Das Leben fällt uns zu, und wir fallen zum Schluss aus dem Leben wieder heraus. Manche schweben davon wie ein Blatt im kühlen Herbstwind, andere stürzen jäh ins Bodenlose – immer schlagen wir hart auf, sehr hart.

Aber: Längst ist damit noch nicht alles gesagt! So stimmt es nicht! Denn wir leben und sterben nicht im gottleeren Raum, so dass wir hin und her geworfen werden vom rauen Sturm des Zufalls, der dort herrscht – und verloren gehen müssen. »Ich will euch heben und tragen« sagt der Gott, in dessen Liebe wir eingebettet sind.

Er spannt den Bogen weit, unseren Lebensbogen; er zieht einen Kreis, unseren Lebenskreis – und der endet nicht, wenn unsere Tage enden. »Heben und tragen« – das klingt (gewiss nicht zufällig) nach Schwangerschaft und Geburt und Hebamme, nach der sprichwörtlichen guten Hoffnung und dem Tragen unter dem Herzen. »Hört mir zu!«, heißt es bei Jesaja. »Hört mir zu! Die ihr mir aufgeladen seid von Mutterleib an, getragen vom Mutterschoß an ...« Von der Geburt bis in den Tod, vom »Mutterleibe an« und »alle Tage, die noch werden sollten« (Psalm 139), sind wir umgeben von Gott. Vom Stern vor meinem Namen bis zum Kreuz danach – und darüber hinaus. Geburt und Tod, die sind durchaus vergleichbar: geboren, um zu leben, sterben – gerade so –, um zu leben.

Ist das wirklich wahr? Geht die Perspektive unseres Lebens über den Tod hinaus? Dann wäre das Leben nicht nur ein Da-Sein und danach: Fort-Sein, sondern: Da-Sein und Da-Bleiben. Da, also: bei Gott, in seiner Zeit, die länger dauert, als unsere Uhren zeigen können, die weiter reicht als vom Sonnenaufgang bis zum Sonnenuntergang. Im hebräischen Urtext klingt das Versprechen Gottes aus dem Jesajabuch zärtlich und zugewandt. In deutschen Übersetzungen tritt ein kleines Wörtlein, das im Hebräischen antönt, gerne etwas zurück. »Ja«, heißt das Wörtlein, und der Vers dann: »Ja, ich will euch tragen!«

Hören Sie es? Hören Sie, was wir da für einen wunderbaren, liebevollen Gott haben, dessen erstes Wort an uns ein großes, lautes »Ja!« ist? Nicht »nein« oder »jein«, nicht »vielleicht« oder »mal sehen«, sondern »ja«, glatt und rund: Ja! Ohne Wenn und ohne Aber.

Und damit ist das Wichtigste gesagt: Wir sind bejaht, wir sind angenommen. Die Spanne unseres Lebens, von der Geburt bis zum Grab (und darüber hinaus), der Lebensbogen, der Lebenskreis, sie haben ein Vorzeichen – und zwar ein gutes, ein Plus, das »Ja!« aus Gottes Mund. Mehr braucht es nicht. Gott sagt »Ja!« – und das macht unser ganzes Leben und alles, was darin geschieht, wertvoll und wichtig.

Und das gibt ihm diese weite, weite Perspektive, das schiebt den Horizont hinaus. Was Gott bejaht hat, das verneint er nicht wieder, und Gott spricht nicht in den Wind und nicht in die Leere. Gott spricht sein Ja-Wort, »Ja, ich will«, und hält die Treue, und da ist kein Tod, der ihn von uns scheiden könnte.

Der Tod, der uns doch erscheint wie das große Nein über unser Leben, über uns selbst, dieser Tod hat, wenn Gottes Ja erklingt, nichts mehr zu sagen. Auch, wenn sich das ganz anders anfühlt! Hier am Sterbebett, da hör ich kaum ein Ja, hier am Sarg, da bin ich taub, und am Grab fällt die Erde, und ich höre ihren dumpfen Ton, der alle guten Worte überdeckt. Die trostlose Stille des Todes kann schwer auf meinen Ohren liegen, und dann höre ich nichts vom Trost, den Gott mir nachruft.

Doch Gottes Wort gilt nicht nur, wenn ich es hören kann; es gilt und trägt gerade dann, wenn meine Sinne versagen, wenn mir Hören und Sehen, Schmecken und Spüren vergangen sind. Dieses Ja im Hebräischen sagt: Ich bin euch zugewandt. Und es sagt das mit Nachdruck! »Ja« heißt auch: tatsächlich, ohne Zweifel, da gibt es nichts zu rütteln, ganz ohne Abstriche. Gott spricht, wenn er sein Ja spricht, mit Ausrufezeichen!

Dabei macht er es sich nicht leicht, dabei weiß er um das Gewicht von Sterben und Tod. Noch einmal der Urtext: In der lebensnahen, zupackenden hebräischen Sprache heißt es eigentlich: »Ich werde tragen, ich werde schleppen und retten.«

Schleppen – mir fällt sofort Jesus ein, der das Kreuz schleppte auf seiner Via Dolorosa, durch die Stadt vors Tor, den Hinrichtungshügel hinauf, zur Schädelstätte. Da seh ich es wieder: Der Tod ist hart. Und Gott hat es sich hart ankommen lassen, diesen Tod nicht leichtfertig zu verneinen, sondern unsere Menschlichkeit zu bejahen. Unsere Menschlichkeit, die das Sterben einschließt, den schweren Abschied, den harten Tod. Gott kennt unsere Schmerzenswege.

Gut zu hören: Gott nimmt unsere Sterblichkeit, unseren Tod nicht auf die leichte Schulter. Er schleppt mit – und trägt uns weiter, trägt uns über Sarg und Grab hinaus. An Ostern gibt es nichts mehr zu tragen, an Ostern ist – in Jesajas Worten gesagt – alles gerettet: Steine sind fortgerollt, die schweren Schatten sind verflogen, die harte Steinbank steht verlassen da. Jetzt liegt Leben in der Luft, der Auferstandene geht als Gärtner leichten Schrittes durch die Haine und Blumenbeete.

Unsere Wege sind Gottes Wege. Er sagt »Ja« und schleppt mit. Gottes Wege sind unsere Wege. Er sagt »Ja«, und wir sind getragen, gehalten, gerettet.

Hör doch,
wie meine Seele weint

Es ist nicht schlimm, mein Gott,
wenn ich dich nicht höre;
es ist in Ordnung, wenn ich nichts von dir sehe;
ich kann es aushalten, wenn du nicht antwortest,
und wenn du dich verbirgst,
hadere ich nicht mit dir.
Aber das bitte ich dich, mein Gott,
sei du die Höhle,
in die ich mich bergen kann,
schließ mich in deine Arme
und halte meine Tränen aus.

Wo bist du, Gott?
Wo bist du, der du versprochen hast,
uns nicht allein zu lassen?
Stehst du hier an seinem Bett,
spürst du die würgende Verzweiflung
in unseren Herzen,
diese kalte Düsternis, die sich breit macht?
Zählst du unsere Tränen?
Wo bist du, Gott?

Ich danke dir, liebevoller Gott,
dass meine Tränen bei dir aufgehoben sind,
gut aufgehoben.
Keine ist umsonst geweint.
Du sammelst sie wie Perlen
und hältst sie wert.
Du weißt, warum ich weine,
du teilst meine Trauer, den Verlust.
Du hältst mich aus,
wenn ich leer bin.
Du verlangst keine Hoffnung,
keine Glaubenszuversicht,
es ist dir genug,
wenn ich warte.
Wenn ich so müde, so todtraurig bin,
dann überlasse ich mich dir.
Liebevoller Gott.

Es ist doch längst noch nicht alles gesagt,
er und ich – wir haben das letzte Wort
noch nicht gesprochen.
Meine Wut ist noch lange nicht verraucht.
Und für mein Gefühl
hat er sich einfach davongeschlichen.
Wie soll ich mich jetzt versöhnen mit ihm,
wie soll ich Abschied nehmen,
wenn ich jetzt schweigen muss,
wenn er nicht mehr hört?
Gott, hör du!
Hör meine Klage,
hör dir meinen Zorn an
und gib mir Zeit, mich auszusprechen.

Gott, sag,
wie haben das all die anderen gemacht,
die Abertausenden und Millionen,
die Abschied nehmen mussten,
von Abertausend und Millionen
von Verstorbenen?
Ich kann mir nicht vorstellen,
dass es je einem Menschen leicht fiel.
Und mir ist,
als müsste ich das Abschiednehmen
gerade erfinden:
ich – für alle Welt.
Und es ist auch so – für meine Welt.
Gott, was uns verbindet, die vielen und mich:
Du bist nicht fort,
du bist derselbe alle Zeit,
du nimmst keinen Abschied von uns.

Du weißt, freundlicher Gott,
wer da jetzt zu dir kommt,
du weißt, wie sehr ich ihn liebte,
wie verbunden wir waren.
Ich habe seine Küsse geschmeckt,
wir haben getanzt und geweint,
die Wunden, die wir einander zufügten,
verbanden uns noch enger.
Wir konnten uns verlassen aufeinander,
jeder kannte den anderen
vom Duft, vom Klang der Stimme,
von einem einzigen Blick.
Du hast uns einander zum Geschenk gemacht,
daran kann auch der Tod nichts ändern.
Ich danke dir für ihn
mit den Tränen, die ich vergieße.
In jedem Schluchzen liegt etwas vom Glück,
dass wir einander haben konnten all die Zeit.
Achte auf den, den ich liebe, Gott,
und ich will schön sein für ihn, wenn ich folge.

Was soll ich sagen,
das du nicht schon wüsstest?
Was soll ich dir zu Ohren kommen lassen,
das du nicht schon tausend Mal gehört hast?
Und dennoch schweige ich nicht –
es ist ja jedes Mal mein eigenes,
und unverwechselbar für dich.
Mein Schmerz,
mein Weh,
mein Leid,
und du übersiehst es nicht!

Und manchmal spür ich dich, sanfter Gott,
wenn ich bei ihr sitzen kann
und es ganz still wird in mir.
Als legtest du die Hand auf meine Schulter,
als summtest du ein leises Lied
von Zuversicht und Mut.
Dann wird es warm von innen her,
und ich fürchte keine Nacht.

Das muss ich dir nicht sagen, einfühlsamer Gott,
wie weh sie tut,
diese Wunde, die der Tod reißt.
Du hast selbst
schon so viele Menschen beweint,
hast selbst den Tod geschmeckt am Kreuz.

Gott, bewahre mich
vor dieser tieftiefen Trauer,
die mir auf das Herz drückt
wie ein schattenschwarzes Gewicht,
die mir den Boden unter den Füßen nimmt,
so dass ich zu stürzen fürchte
in diese grauen Schluchten ohne Grund.
Gott, bewahre mich
vor dem Schleier der Verzweiflung,
an dem ich erblinde,
vor der bedrängenden Lautlosigkeit der Angst,
die sich mir auf die Ohren legt –
und ich höre nichts mehr.
Gott, bewahre mich.

Ich möchte ihn bei mir behalten, Gott!
Ist das denn so eigensinnig gedacht?
Du hast uns doch verbunden,
damit wir das Leben teilen,
damit wir einander begleiten,
»treu, bis dass der Tod uns scheidet«.
Ich werde das tun,
so schwer es mir fällt –
aber muss es denn jetzt schon sein,
dass ich alleine stehe?
Du hast ihn dann bei dir,
aber wo bleibe ich?
Er ist doch nicht zu ersetzen,
falls du das denkst.
Gott, hör doch, wie meine Seele weint
vor Einsamkeit.

Ach Gott, ich …
ich kann es gar nicht glauben!
Ja, ich habe auf seinen Tod
schon lange gewartet.
Es war abzusehen und keine Überraschung.
Aber jetzt …
jetzt, wo er tatsächlich gegangen ist,
trifft es mich,
als hätte ich nichts davon gewusst.
Zur Unzeit,
immer zur Unzeit kommt der Tod.
Ach Gott, ich …
ich klammere mich fest daran,
dass auch die Unzeit
deine Zeit ist.

Ich weiß nichts mehr zu sagen, Gott –
sprachlos bin ich.
Bitte setz dich an meine Seite,
leg deinen Arm um mich
und schweig mit mir.

Ich bitte dich, aufmerksamer Gott,
mach deine Tür weit auf für sie
und lass deine Schwelle niedrig sein.
So viele schwere Schritte hat sie tun müssen,
vor so vielen verschlossenen Toren
hat sie gestanden.
Die Lasten, die sie trug,
waren eine große Mühe
(ich selber hab ihr oft
auf den Schultern gesessen) –
ich finde, Gott,
sie hat es verdient,
dass sie den letzten Weg
mit einem Lächeln gehen kann.

Was so schwer zu tragen ist,
was mich zu Boden drückt,
das sind all die guten Erinnerungen, mein Gott.
Wie sie strahlte, als ich sie kennen lernte,
unser erster Kuss,
die Geburt unseres Kindes,
und wie wir uns, nach der großen Krise,
wieder fanden und weinten miteinander,
erleichtert und ganz neu verliebt, reifer dabei.
Alt sind wir geworden miteinander
und haben unsere Falten schätzen gelernt.
Diese letzten Tage haben unserer Liebe
noch einmal eine ganz neue Tiefe gegeben.
...
Und nun bin ich mit alledem allein,
kann es nicht mehr teilen mit ihr.
All das Schöne ist zur Wunde geworden.
Bitte hilf mir, mein Gott,
es als Schatz zu bewahren!

Vielleicht, mein Gott, vielleicht ist das jetzt
tatsächlich eine Erlösung für ihn.
Vielleicht ist dieser schnelle Tod sein Freund.
Was mag ihm erspart geblieben sein,
was wird er nun nicht mehr
durchleiden müssen?
Und doch kann ich mich nicht versöhnen
mit diesem Sterben ohne Abschied,
diesem Fortgehen ohne Gruß.
Ich gönne ihm seinen Frieden bei dir
und hätte doch gern
noch ein paar Stunden gehabt,
um ihn noch einmal in den Arm zu nehmen,
noch einmal über seine Stirn zu streichen,
um zu sagen, dass er gehen kann, getrost.
Nun muss ich warten,
bis ich ihn wieder sehe,
und diese Zeit wird mir lang.

Ich hatte gehofft, mein Gott,
dass er an meinem Grab stehen würde –
nicht umgekehrt.
Steh ich jetzt hier,
weil ich diese letzte Kraft noch habe,
die Trauer zu tragen,
an der er zerbrochen wäre?
So nehme ich die Tränen,
die ich um ihn weine,
und diesen Schmerz,
den ich fast nicht bestehe
(aber eben nur: fast),
als mein letztes Geschenk an ihn!

Weil ich sie liebe, mein Gott,
der du weißt, was Liebe kann und erträgt,
weil ich sie liebe,
wäre ich gerne gestorben an ihrer statt.
Aber dann wäre sie allein!
Da sie gegangen ist
und ich geblieben bin,
will ich leben an ihrer statt,
weil ich sie liebe.

Gott, bitte sag ihm,
dass er nicht ungeduldig sein soll,
da er auf mich warten muss.
Ich werde ihm folgen,
aber erst will ich die Zeit durchleben,
die mir gegeben ist.
Ich werde dann gerne gehen –
aber jetzt will ich nicht eilen.

Gott, ich habe nicht gewusst,
was ich sagen sollte zum Schluss:
Alles Gute!?
Oder:
Viel Glück! Mach's gut!
Bis bald!?
Oder:
Aus und vorbei!?

Jetzt weiß ich, mein Gott,
ich hätte »Leb wohl!« sagen können.

Antwortest du nicht

Mein Gott, des Tages rufe ich, doch antwortest du nicht!

Psalm 22,3

Ein Kind ist gegangen, Wochen und Monate haben wir gebangt und geklagt. Ein Vater starb, für uns alle viel zu früh, wir haben gebetet, gehofft. Die alte Mutter ist nicht mehr erwacht aus der Dämmerung ihrer Seele, sie hat uns nicht mehr erkannt – und wir hätten doch noch ein Wort gebraucht, eine Frage stellen müssen. Wie haben wir um einen Augenblick der Klarheit gefleht!

Gott aber schwieg dazu, und Gott schweigt weiter.

Manchmal möchte ich ihn an den göttlichen Schultern packen und schütteln. Nun sag doch etwas, sag doch was! Möchte ich ihm ins himmlische Angesicht schreien: Bleib doch nicht stumm! Gott aber bleibt stumm.

Menschen, die jemanden aus der Hand geben müssen, machen diese Erfahrung: Ich will den, der aufbricht, gerne festhalten. Aber ich kann es nicht. Mancher ist in dieser Situation allein, andere haben Menschen an der Seite, Verwandte, Freunde, Hospizmitarbeiterinnen, Menschen, die hilfreich sind, die verstehen, mitfühlen, Tränen teilen; Menschen, die um den Wert desjenigen wissen, der fortgeht oder gegangen ist. Menschen sind und waren da – wo war Gott? Menschen haben getröstet, ermutigt, getragen – wo war Gott? »Mein Gott, mein Gott, warum hast du mich verlassen? Mein Gott, des Tages rufe ich, doch antwortest du nicht – und des Nachts, doch finde ich keine Ruhe.« Das betet einer im 22. Psalm, Jesus hat diese Worte aufgegriffen, am Kreuz. Und es sind Sätze, es sind Klagen, die unser Menschsein begleiten, seit sie ausgesprochen wurden. Gottverlassen – so fühlen wir uns manchmal; ohne Antwort in grauen Tagen und in durchwachten Nächten – das erleben wir ab und an. Und am meisten tut weh, dass Gott sich nicht regt. Dass er schweigt.

Doch nun lässt sich, gerade im Schmerz, gerade im Leid, ahnen, dass Gottes Schweigen nicht heißt: Gott bleibt untätig, Gott legt die himmlischen Hände in den göttlichen Schoß. Ich kenne das selber so gut: Menschen kommen mit ihren Tränen zu mir, beschreiben ihre Not, Menschen drohen in einen Abgrund von Trauer und Verzweiflung zu fallen – und ich muss sprachlos bleiben. Mir verschlägt es die Worte, mir fällt zu so viel Weh nichts ein. Aber was wäre einem Verzweifelten auch gedient mit einem wohlfeilen Trost, einem billigen Ratschlag? Manchmal, wenn ich einen Menschen in seiner Trauer wirklich ernst nehmen will, dann kann ich mich nur noch zu ihm setzen – und schweigen.

Als ich einen Menschen verlor, dem ich sehr verbunden war, da hätten Worte die Lücke nicht füllen können. Aber weil Freunde kamen, weil ich in den Arm genommen wurde, weil da eine Schulter war, an der ich weinen konnte, darum spürte ich: Es tut weh, es ist fast nicht zu ertragen – aber ich bin nicht allein. Das Schweigen kann der Ausdruck größter Liebe sein.

Als Hiob, der Leidende schlechthin, das Sinnbild des Schmerzes, als Hiob alles verloren hatte: Haus und Herde, die Kinder und seine Zukunft, da besuchten ihn seine drei Freunde: Elifas, Bildad und Zofar. Sie kamen, ihn zu trösten, aber sie kamen nicht mit Ermahnungen: Na, irgendeinen Grund wird's schon geben – geh in dich, Hiob! Und sie kamen nicht mit Ratschlägen: Jetzt reiß dich zusammen, das Leben geht weiter! Und sie kamen nicht mit Vertröstungen: Gott wird's schon richten, vertrau ihm doch! Nein, sie kamen und brachten nur sich selber mit. Im Hiobbuch wird erzählt: »Als die drei Freunde ihre Augen aufhoben von ferne, erkannten sie den Hiob nicht wieder, und sie erhoben ihre Stimme und weinten ... und sie saßen mit ihm auf der Erde sieben Tage und sieben Nächte lang und redeten nichts mit ihm, denn sie sahen, dass der Schmerz sehr groß war.« (Hiob 2,12-13)

Was für Freunde! Gute, allerbeste Freunde, die das Schweigen ertragen! Und ein solcher Freund, darauf verlasse ich mich, ein solcher Freund ist Gott. Weil unser Schmerz sehr groß ist, darum setzt er sich zu uns auf die Erde, darum weint er mit uns – nicht, weil er nichts zu reden hätte, sondern weil das Schweigen die einzig angemessene Nähe ist. Mit-schweigen, mit-weinen, mit im Staube hocken. Wenn ich ihn für fern und taub und stumm halte, dann gerade ist er mir näher, als ich ahne und verstehe, als ich spüre und weiß. Weil er mich liebt, schweigt er.

Die im Kinder- und Jugendhospizdienst mitarbeiten, die sich in der Hospizgruppe engagieren, die Trauernde begleiten, die wissen, wie viel wertvoller die verschwiegene Nähe sein kann, wie viel hilfreicher als jeder Trost heischende Satz. Schweigen schafft einen stillen Raum.

Und Gottes Schweigen ist die Stille, in die wir uns bergen können; die Ruhe, die uns schützt vor Lärm und Zweifel. In dieser Stille haben unsere Fragen ihren Platz, in dieser Stille darf unsere Trauer zuhause sein, in diese Stille können wir uns fallen lassen mit Seufzen und Weinen – und wir sind doch getragen.

Ja, Gott schweigt – und hört dabei ganz auf uns, hebt seine Augen wie die Freunde Hiobs und hat Acht auf uns; Gott schweigt und beugt die Knie und nimmt Platz an unserer Seite, im Staub, in der Angst, im Schmerz. Er lässt uns nicht allein.

Und darum ist auch das Schweigen des Todes keine Grabesstille. In Gottes Stille kehrt ein, wer sein letztes Wort gesagt hat, wer sein Leben aushaucht und seine Stimme.

Gott schweigt, Gott sei Dank! Mit offenen Augen, offenem Herzen, offenen Armen schweigt er, und bei ihm sind wir Menschen still zuhaus.

Hilf mir,
das Schweigen auszuhalten

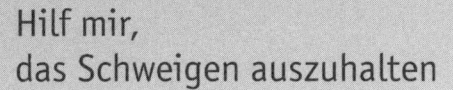

Hilf mir, mein Gott, das Schweigen auszuhalten,
und bewahre mich vor eiligen Sätzen,
vor hilflosem Reden
und geübter Wortspielerei.
Verschließ mir den Mund,
hüte meine Zunge
und mach mir die Augen auf
und das Herz,
damit ich schaue und spüre,
wen ich da begleiten darf
auf seinem großen, endlichen Weg.

Ich halte das nicht aus, Gott!
Ich halte das nicht aus!
Einfach daneben stehen und zusehen,
wie der Schmerz ihn schlägt,
wie er kaum noch Luft bekommt
und sich zu Tode müht beim Atmen.
Er fleht um Hilfe,
fleht um das Ende –
und ich kann keinen Finger rühren.
Ich halte das nicht aus –
halte du mich fest, mein Gott,
halt mich fest,
damit ich nicht fliehe.

Lass du mich nicht allein, Gott.
Ich habe schon so viele Freunde verloren.
Sie meiden mich,
als wäre Trauer ansteckend –
eine Krankheit zum Tode.
Lass du mich wenigstens nicht allein,
damit ich mich nicht verliere.

Es sind so graue Tage, mein Gott,
bitte gieß doch ein paar Farben hinein:
frisches Blattgrün, Rot vom Mohn,
Sonnenblumengelb und Christrosenrosa
und ein weites Himmelsblau.
Ich will nicht blind werden
von Nebel und Dämmerung,
ich will den Horizont sehen
und hoffen.

Gott, gib mir offene Ohren
und ein großes Herz,
damit seine Geschichte Platz darin finde.
Gib mir Geduld zu hören,
wenn er sich erzählt –
und was ich einmal vergesse davon,
das halte du im Gedächtnis.
Gott, wir wollen ihn achten,
indem wir erinnern, wer er war.

Lange hab ich durchgehalten, mein Gott,
jetzt verliere ich das Gleichgewicht.
Ich muss mich festhalten,
ich muss einen Halt finden,
um nicht zu stürzen.
Reich mir deine Hand, Gott,
leg deinen Arm um mich,
stärke mir den Rücken.
Eine kleine Weile noch,
dann kann ich mich fallen lassen,
aber jetzt brauch ich noch Kraft
für seinen Weg und sein Ziel.

Gott, sei mir ein Licht
in dieser kalten Nacht!
Und sei der Schein auch noch so schwach:
so wüsste ich doch,
dass es Wärme gibt, Feuer und Glanz.

Gott, bitte hilf mir zu schweigen,
wenn ich keine Worte habe,
hilf mir,
die Hände still zu halten,
wenn mir die Gesten ausgegangen sind,
und hilf mir
zu gehen,
wenn meine Nähe gerade nicht gebraucht wird.

Gott, hilf mir zu hören,
was nicht gesagt wird,
zu sehen, was nicht gezeigt wird,
auf das zu achten,
was nur angedeutet wird,
und hilf mir,
im Zweifel (auch im eigenen)
die Sehnsucht zu spüren;
in der Wut (auch der eigenen)
die Leidenschaft heraus zu schmecken;
und in der Klage (auch meiner eigenen)
die Hoffnung zu fühlen.
Ein wenig, mein Gott, lehre mich
zu hören, zu sehen, aufmerksam zu sein,
wie du lauschst, schaust und achtsam bist.

Es wird mich Kraft kosten, mein Gott,
die Hand zu reichen,
mein Ohr zu leihen,
auf den Schultern zu tragen,
die Stille auszuhalten,
zur Seite zu stehen,
die Hoffnung zu wagen,
nicht müde zu werden,
nachzufragen,
zu schweigen.

Es wird mich Kraft kosten –
und ich werde Stärke gewinnen
für den eigenen Weg.

Wenn ich bei ihm sitze, Gott,
bei ihm, der nur noch schwer atmet,
der müde ist von den Mitteln
gegen den Schmerz
und dessen Angst sich doch ihren Weg bahnt,
in die Augen, auf die Stirn –
wenn ich bei ihm sitze,
denke ich daran,
dass ich selbst einmal so liegen könnte.
Dann spüre ich die gleiche Angst,
dann überfällt mich die Furcht
vor dem eigenen Tod.
Gott, wie du ihn birgst,
den ich begleite,
so birg und begleite auch mich.
Setz dich zu uns!

Er hat mir erzählt,
wie wütend er ist, Gott:
auf dich, auf sich, auf sein gescheitertes Leben.
Und ich kann ihn gut verstehen,
ich kenne seine Wunden.
Ich habe ähnliche Enttäuschungen erlebt
und manche Chance verpasst, wie er.
Da ist so vieles, das auch mir nicht gelungen ist.
Aber du hast mich versöhnt damit,
weil du mich liebst,
so unvollkommen ich auch bin.
Ich teile seinen Zorn, mein Gott,
nun hilf mir,
auch meinen Trost zu teilen mit ihm.

Mein Gott, was kann ich ihm schon geben?
Auf wohlfeile Worte hört er nicht,
Vertröstungen ärgern ihn,
die frommen Sprüche hält er kaum aus –
und ich glaube sie mir doch selber nicht.
Die alten Gebete genügen ihm nicht
und gute Ratschläge stehen mir nicht zu.
Gott, ich kann mich nur selber geben:
meine Verlegenheit und meinen Mut,
mein Schweigen und Hören,
meine Achtung und meine Herzlichkeit.
Die soll er haben.

Mein Gott, ich kann sie ihm nicht abnehmen:
diese Angst, diesen Zweifel, diese Verzagtheit.
Ich kann allenfalls ein wenig tragen helfen.
Und hab doch schon genug zu schleppen
an der eigenen Furcht,
dem eigenen Misstrauen,
der eigenen Mutlosigkeit.
Schau uns an, Gott,
und trag uns beide,
mit allem, was uns auf den Schultern liegt.

So viel Arbeit, mein Gott,
so viel Arbeit für ihn!
Und ich sitze nur dabei.
Hab hier mal einen Blick, eine Geste,
da mal ein leises Wort.
Das ist so wenig für seinen schweren Gang.
Aber da ich es ihm nicht abnehmen kann,
muss ich mir daran genügen lassen.
Dir – das glaube ich – ist das ohnehin genug.
Du machst aus einem kleinen Flüstern
einen großen Trost,
aus stiller Anteilnahme ein beredtes Schweigen,
aus einer zaghaften Handreichung
eine tragfähige Hoffnung.
Du machst das, Gott,
ich kann's nicht tun.
Aber das Kleine, das Wenige,
aus dem du Großes werden lässt,
das will ich von ganzem Herzen tun.

Es ist mir eine Ehre,
diesen Weg mit ihr zu gehen.
Mit ihr, die schon so viele Wege gemacht hat,
die immer wieder neu beginnen musste
nach Kindheit und Flucht,
nach dem Tod des Mannes,
als sie alleine blieb, gepflegt werden musste.
Ich darf an ihrer Seite sein, mein Gott,
weil du mich das Beginnen lehren willst.

Was er von mir erwartet,
das weiß ich nicht genau.
Er kann nicht mehr sprechen,
liegt nur noch stumm
und vermag sich kaum zu bewegen.
Soll ich reden,
beten, tröstliche Worte lesen?
Oder schweigen, die Hand halten,
Stille teilen?
Ich weiß es nicht.
Aber ich weiß, mein Gott:
Du bist dabei,
du hilfst mir spüren,
was er braucht,
du öffnest mein Herz, meine Sinne für ihn.
Ich tu, was ich kann,
du tust hinzu, was fehlen mag.

Ich vertraue dir, mein Gott,
dass du mir hilfst,
mir zu vertrauen.
Meine Hand wird genau so stark sein,
wie es nötig ist.
Mein Herz wird so weit sein,
dass er darin Platz hat.
Meine Geduld wird so lang sein,
dass sie reicht bis zum Schluss.
Und meine Aufmerksamkeit wird so wach sein,
dass ich dich immer wieder um Hilfe bitte,
wenn mir das Vertrauen zur Neige geht.

Was ich ihm sagen könnte
zum Trost,
womit ich ihm Hoffnung machen könnte,
das ist größer, als ich selbst es bin.
Das ist so groß wie du, Gott –
und du stehst dafür ein.
Das muss ich nicht selber tun.
Ich kann hier getrost sitzen
und meine Hand reichen,
weil ich nicht mehr sein muss,
nicht stärker,
nicht hoffnungsfroher,
nicht trostreicher,
als ich bin.

Gott, ich will nicht von ihrer Seite weichen,
aber ich kann nicht jede Sekunde bei ihr sein.
Ich muss ruhen zwischendurch,
muss mich um meinen Alltag kümmern
oder habe in manchen Augenblicken
einfach nicht genug Kraft.
Dann trittst du ein,
der du nicht müde wirst,
der du die Ruhe selbst bist.

Klug werden

Lehre uns bedenken, dass wir sterben müssen,
auf dass wir klug werden.

Psalm 90,12

Wer soll daraus schon klug werden? Wer soll klug werden aus Sterben und Tod, die ein Leben beenden und alles in Frage stellen, was einen Menschen ausgezeichnet und geprägt hat, was ihn bewegte, was er konnte und wollte, was ihn ausgemacht hat? Wer soll daraus klug werden, dass wir nicht auf Dauer angelegt sind, wo doch die Liebe, die Menschen verbindet, eigentlich für alle Ewigkeit gedacht ist, wo doch meine Geschichte nicht einfach verklingen soll, wo doch Wert und Würde eines Menschen nicht gegeben sind, um im Nichts zu verschwinden. Aber, ob ich's für klug halte oder nicht – so scheint es zu sein:

»Immer enger, leise, leise / ziehen sich die Lebenskreise, / schwindet hin, was prahlt und prunkt, / schwindet Hoffen, Hassen, Lieben, / und ist nichts in Sicht geblieben / als der letzte, dunkle Punkt«, hat Theodor Fontane gedichtet.

Auf den »letzten, dunklen Punkt« steuert das Leben zu – denk daran! Das will der Psalmvers offensichtlich sagen, mit strenger Miene, mit erhobenem Zeigefinger. »Mach dir keine Illusionen. Wir sind allesamt sterblich, und am Ende ist's zu Ende!«

Aber ich halte da einen Augenblick inne! Mache etwas langsam mit dem »memento mori«, dem nüchternen Gedächtnis der eigenen Sterblichkeit. Dieser Satz, diese Mahnung, eingedenk zu sein, lässt sich nämlich auf zweifache Weise lesen.

Zum Ersten so, dass das biblische Memento sagen will: Denk dran, dass du sterblich bist, denn daran zu denken ist klug! So ist dieser Satz zuallermeist verstanden worden: »Komm, sei realistisch, dein Leben geht zu Ende – mach dir klar, dass du sterblich bist, denn das ist weise. Komm, mach dir nichts vor; es hilft ja nichts; gestorben werden muss halt, das ist der Lauf der Welt!«

So verstanden, mutet dieser Satz mich unglaublich pessimistisch an, nah an der Verzweiflung. Es gibt tatsächlich manchen Bibelvers, der gerade so pessimistisch, so niedergeschlagen daherkommt: »Was ist der Mensch? – Nichts weiter als ein Gras, das am Morgen noch sprosst und das des Abends welkt und verdorrt« singt einer traurig und verzweifelt eben im 90. Psalm. Und wir müssen uns abfinden damit!

Das mag ja sein, aber ein Trost ist das nicht; damit kann ich nicht leben, und das macht mir den Tod derer, die mit mir verbunden sind, nicht leichter, im Gegenteil – wenn auch sie nur verwehen, wenn auch sie nur gehen wie dürres Gras im Wind, dann ist doch schon das Leben von grauen

Schatten überzogen, dann kann ich doch schon jetzt verzweifeln.

Oder aber ich verstehe den mahnenden Satz noch ganz anders, weniger mahnend vielleicht, eher: ermutigend.

»Lehre uns bedenken, dass wir sterben müssen, auf dass wir klug werden« kann doch auch heißen, dass wir erst klug werden, wenn wir gestorben sind. Und auch wenn das erst einmal nicht so klingt, ich finde das ausgesprochen tröstlich!

Auch darin liegt Realismus: Ich muss einsehen, dass ich Leben und Tod nicht verstehe! Die gehen über mein Begreifen, über mein Fassungsvermögen. Wir erleben das bei jedem Abschied, bei jeder Trauerfeier an Sarg und Grab, wir erleben, dass wir nicht weiter schauen können, nicht über Sarg und Grab hinaus. Der Tod ist die Grenze unserer menschlichen Weisheit, da verschlägt es uns die Sprache, da gehen uns die Worte und die Weisheiten aus.

Uns wohl – Gott aber nicht! Gott nicht, weil seine Zeit keine Grenze hat – darum nennen wir sie ja etwas verlegen »die Ewigkeit«, ohne uns Ewigkeit wirklich vorstellen zu können. Gott nicht, weil er uns auf Ewigkeit hin angelegt hat, weil wir von ihm her kommen und auf ihn zugehen. »Deine Augen sahen mich, als ich noch nicht bereitet war, und alle Tage waren in dein Buch geschrieben, die noch werden sollten und von denen keiner da war« dichtet der alte David im 139. Psalm. Gott hat einen weiten Horizont, einen weiteren, viel, viel weiteren als wir – und erst von diesem Horizont her werden wir unser Leben verstehen. Erst wenn auch unser Blick nicht mehr scheitert an Tod und Sarg und Grab, erst dann sehen wir klar, erst dann sind wir klug – und dann haben wir Antwort.

Wirklich erst dann? Aber das ist doch zu spät, und ich will mich nicht gerne vertrösten lassen auf irgendwann, auf ein Jenseits, das ich nicht begreife! Eine solche Antwort: »Wart's ab, du wirst schon noch klug werden«, eine solche Antwort hilft nicht viel, wenn ich nichts spüre davon.

Aber Gott will uns nicht einfach nur vertrösten, nein, er will uns trösten, und er wirft uns nicht einfach nur eine Antwort hin, nein, er gibt uns sein Wort. Er steht selber dafür ein, dass wir am Tod nicht scheitern, er ist selber hindurchgegangen und hat uns den Weg freigeräumt, er hat die Brücke geschlagen, die Tür aufgetan. Die großen Worte unseres Glaubens: »Kreuz« und »Auferstehung«, die zeugen davon, dass Gott sich seine Antwort, dass Gott sich sein Wort etwas kosten lässt.

In seiner Tiefe verstehen wir das erst, wenn der Tod uns nicht mehr begrenzt und wir nicht länger begrenzt sind von Zeit und Vergänglichkeit – dann werden wir klug sein; dann geht uns das Herz auf und gehen uns die Augen über, dann werden wir verstehen und einverstanden sein.

Und wir werden denen wieder begegnen, von denen wir Abschied genommen haben und die schon längst klug sind, klug und heil, gesundet und getrost.

Ich lebe von dir her

Mein Gott, ich möchte es gerne glauben,
dass dieser dunkle Tod dein Diener ist,
dass er gehorchen muss
und nur für eine kleine Zeit behalten darf,
die er von unsrer Seite reißt.
Ich möchte es gerne hoffen,
dass er nur ein Fährmann ist,
ein Wegbereiter hin zu dir.
Ich werde warten müssen,
bis er an meine Türe klopft,
damit ich es mit eigenen Augen sehe.

Dass wir sterben müssen, lebendiger Gott,
das kann ich schon annehmen,
das geht in Ordnung.
Was ich aber niemals bejahen werde,
das ist der Tod selbst,
ist Verlöschen im Nichts,
ist Abscheiden in die Leere.
Du auch nicht, Gott,
du stimmst da auch nicht zu.
Darum gibt es nach dem Sterben
auch keinen Tod!

Lebendiger Gott, ich lebe
von dir her,
ich sterbe zu dir hin.
Ich lebe oder sterbe,
du bist mein Anfang und mein Ziel,
du bist der Kreis,
der mich umschließt und bewahrt.

Mir macht das Angst, Gott:
Ich kann mir nicht vorstellen,
einmal nicht mehr zu sein.
Aber ...
ich kann mir auch nicht vorstellen,
wie du bist,
in deiner Lebendigkeit, Weite und Schönheit.
Und doch sehne ich mich nach dir,
und doch brauche ich dich.
Also gebe ich meine Angst ab bei dir,
der du unvorstellbar bist.

Mein Gott, bitte lehre mich,
die Güte meines Lebens zu ermessen,
nicht nach seiner Dauer,
sondern nach seiner Tiefe.
Damit ich meine Augen, meine Ohren,
alle Sinne und mein Herz
ausrichte auf das,
was mein Leben birgt,
nicht auf das, was es verwehen lässt.

Wie wird es sein, Gott,
wenn ich gehe?
Wird da eine kühle Hand sein,
die mir über die Wange streicht
und mir die Wärme nimmt?
Wird es sein,
als läge ein Stein auf meiner Brust,
der mir den Atem raubt?
Werde ich mich niederlegen wie zum Schlaf
und zufrieden sein damit,
nicht mehr zu erwachen?
Werde ich ihn spüren, meinen Tod,
wie einen Schlag vor die Stirn
oder wie einen Sturm,
der mich aus dem Gleichgewicht bringt
und der mir die Worte vom Mund fortreißt,
wie ein Beben,
das meinen Grund aufbricht?
Werde ich fallen
oder werde ich fort getragen
oder vergehen,
wie die Farbe der Blüten ausbleicht im Herbst –
ein Leuchten zuerst,
am Ende nur noch Erinnerung?
Wie immer es sein wird, mein Gott,
immer wird es sein: hin zu dir!

Ein weiter, grüner Landstrich,
hügelig und ohne Grenzen für den Blick,
ein bunter Garten,
voller Duft und Blüten, in allen Farben,
und Pfirsichbäume darin,
ein helles Haus,
mit hohen Decken, Balkonen und Terrassen,
die Haustüre ohne Schloss,
ein Tal, zum Meer hin offen,
und Morgen- und Abendrot
strahlt von den Hängen,
und immer Zeit für Gespräche,
am Kamin,
mit denen, die mir vorausgegangen sind –
so stell ich mir das vor,
was ich verlegen die »Ewigkeit« nenne.
Und ich weiß, reicher Gott,
du wirst mich überraschen,
mit noch viel, viel mehr:
mit reicher Lebendigkeit
und buntem Farbenspiel.

Mein Gott, ich fürchte,
dass ich dieses Leben
sehr unaufgeräumt hinterlasse,
wenn ich fortgehe von hier.
So viele Sätze
habe ich nicht zu Ende gesprochen,
für so vieles nicht um Verzeihung gebeten.
Von mancher Freundschaft
sind nur Trümmer geblieben
und manches Jahr habe ich mich gefühlt,
als lebte ich in Ruinen.
...
Das alles zu ordnen
schaffe ich nicht mehr bis dahin, Gott.
Nimmst du dich auch der Scherben an?

Gott, bitte mach ihn ein wenig weiter:
meinen begrenzten Horizont.
Nur so viel,
dass ich etwas ahnen kann
von dem Leben, das dahinter liegt.
Wie am Morgen, bei Sonnenaufgang,
oder zur Nacht, wenn die Sterne wandern –
so öffne mir die Augen,
für die Weite, die auf mich wartet,
wenn ich über die Grenze trete.

Ich wüsste gerne, mein Gott,
ob mir mein Tod am Ende ähnlich sieht,
ob er dieselben Falten trägt wie ich,
an denselben Wunden leidet
und ob er lächeln kann über dasselbe Glück.
Ich denke, er müsste mich kennen, mein Tod,
und mir sehr ähnlich sehen,
wie ein Zwilling, ein Bruder –
wenn es doch mein Tod ist, mein eigener,
der nur zu mir gehört und zu niemandem sonst.
Ich bin sehr neugierig, mein Gott!

Es ist schwer, Gott,
   das auszuhalten:
dass ich über mein Ende
nicht hinausschauen kann,
dass mein Blick an Sarg und Grab scheitert.
Du aber, Gott, du überschaust mein Leben ganz,
davor, darin, danach.
Ich vertrau mich deinen guten Augen an.

Mein Gott, wenn ich die Augen schließe
und es dunkel wird in mir,
dann zünd ein Licht an,
das mich leitet.
Damit ich nicht im Finstern tappen muss
und mich nicht verirre.
Ruf meinen Namen,
damit ich weiß,
wohin ich gehen muss.

Gott, so wie mein Tod
hereinragt in mein Leben
und mich beschäftigt immer wieder –
mal macht er mir Angst,
mal fürcht ich ihn nicht –,
so lass dein Leben
hereinragen in meinen Tod.
Und ich werde nichts zu fürchten haben.

Die Alten, mein Gott,
haben um einen »gnädigen Tod« gebeten.
Wie sieht er wohl aus, der gnädige Tod?
Ohne Schmerzen und überraschend,
aus heiterem Himmel?
Oder wie ein ebener Weg, eine gute Straße,
mühevoll vielleicht, aber mit Bedacht zu gehen?
Mit viel Muße
für Erinnerungen und Abschiede?
Heute glaub ich, mein Tod wird gnädig sein,
wenn ich versöhnt gehe,
versöhnt mit all meinen Wunden;
wenn ich beim Scheiden die um mich habe,
die mir gewogen sind,
wenn ich aushauche in der Hoffnung,
bei dir willkommen zu sein.
Mein gnädiger Tod braucht Zeit und Raum.

Ich fürchte den Tod nicht, mein Gott,
aber ich fürchte seine Kälte.
Schon friere ich an Händen und Füßen,
ich habe Angst,
dass mir das Herz zu Eis wird.
Gott, nimm mich,
wenn der kalte Wind kommt,
in deine Arme,
wärme mich,
damit ich nicht fortgeweht werde.
Reich mir deine warme Hand
und bring mich in dein wohl behütetes Haus,
zu Feuer und Freunden.

Mein Gott, wenn ich dann versammelt werde
zu meinen Vätern und Müttern
– wie es heißt –,
dann gib mir Zeit für meinen Vater,
damit wir klären können,
was offen geblieben ist.
Dann gib mir Zeit für meine Mutter,
damit ich um Verzeihung bitten kann.
Und gib mir Zeit für Großmütter,
Großväter und Ahnen,
damit sie erzählen
und ich lauschen kann.

Gott, bitte öffne mir die Augen
für den weiten Horizont meines Lebens,
lass mich, wenn ich den Gipfel erreicht habe,
hinüberschauen ins Gelobte Land
und lass einen Wind herüberwehen,
damit ich die Wärme spüre,
mit der du mich empfangen wirst.

Meine Zeit steht in deinen Händen«,
heißt es, mein Gott.
Aber ich glaube nicht, dass sie steht,
dass sie verharrt und verhärtet
und nicht vorwärts kommt
wie die Uhr ohne Schwungkraft.
Nein, meine Zeit ist bewegt,
sie geht in deinen Händen,
vom ersten Atemzug bis zum letzten,
vom hellen Morgen bis in die dunkle Nacht.
Und sie vergeht doch nicht,
weil deine Hand mich weiter trägt,
wenn meine Zeit an ihre Grenzen stößt
und anhalten muss.
Für einen Augenblick,
nur für einen Augenblick!

Du hast mich angesehen, mein Gott,
als ich heranwuchs in meiner Mutter,
als ich spielte und lernte,
als ich Verantwortung übernahm
und meine Straßen ging,
Holzwege und gerade Bahnen,
durch Tag und Nacht.
Du verlierst mich nicht aus den Augen,
wenn ich durch den Tod schreite.

Wie weit ist es noch, mein Gott,
bis ich am Ziel bin?
Noch setze ich gerne Schritt für Schritt,
noch genieße ich den Weg.
Aber irgendwann werde ich müde sein
und ruhen wollen.
Manchmal tun mir schon die Beine weh,
und öfter als früher muss ich rasten.
Mein Gott, wenn ich alt bin und lebenssatt
wie Abraham, den du mit offenen Armen
empfangen hast,
dann lass mich nach Hause kommen.

Gott, bitte hilf mir,
meinen Abschied zu üben –
jeden Tag.
Ich will die vor Augen haben,
von denen ich gehen werde,
und die, die ich wieder sehe.
Ich will im Reinen sein mit mir,
vergeben und um Vergebung bitten –
jeden Tag.
Und trag mich, wenn ich müde werde,
hilf mir spüren,
dass ich nicht alleine bin –
jeden Tag.

Gott, ich weiß,
es kommt auf die Perspektive an:
Bin ich am Abend meines Lebens angelangt –
und nun folgt nur noch die Nacht;
oder warte ich auf einen neuen Morgen?
Wird meine Zeit nun blass und grau –
oder bereitet sie sich nur auf neue Farben vor,
auf Blüten und Glanz?
Gib mir, mein Gott,
Augen für die Sonnenseite meines Lebens,
die ich erfahren werde
nach einer kurzen Dunkelheit.

Mein Gott, es wird mir nicht leicht fallen,
zu gehen, wenn ich dann einmal gehen muss.
Wer kümmert sich dann um die Kinder,
die Enkel?
Wer setzt meine Arbeit fort,
greift meine Fragen, meine Themen auf?
Wer wird das Haus besorgen,
den Garten pflegen?
Wer füllt die Lücke,
heilt die Wunden,
die ich hinterlassen habe?

Du, Gott,
du wirst das tun!

Du hast das Leben doch noch vor dir,
haben die Leute gesagt.
Bis ich alt geworden bin,
graue Haare trage
und meine Hände zu zittern begonnen haben.
Vielleicht, mein Gott, sagen sie jetzt
(hinter vorgehaltener Hand):
Der hat seine besten Tage gesehen,
der hat das Leben schon hinter sich.
Welch ein Irrtum!
Du sorgst dafür:
Ich habe das Leben noch vor mir –
und die besten Tage kommen erst.

Bibliografische Information der Deutschen Nationalbibliothek
Die Deutsche Nationalbibliothek verzeichnet diese Publikation
in der Deutschen Nationalbibliografie; detaillierte bibliografische
Daten sind im Internet über http://dnb.d-nb.de abrufbar.

Quellennachweis:

Die Bibelzitate stammen, wo nicht anders angegeben, aus:
Lutherbibel, revidierter Text 1984, durchgesehene Ausgabe in
neuer Rechtschreibung. © 1999 Deutsche Bibelgesellschaft,
Stuttgart.

Verlagsgruppe Random House FSC-DEU-0100
Das für dieses Buch verwendete FSC-zertifizierte
Papier *EOS* liefert Salzer, St. Pölten.

1. Auflage
Copyright © 2011 by Gütersloher Verlagshaus, Gütersloh,
in der Verlagsgruppe Random House GmbH, München

Fotos (Umschlag und innen): Gabriele Schneider, Gütersloh
Druck und Einband: CPI Moravia Books, Korneuburg
Printed in Czech Republic
ISBN 978-3-579-06843-5
www.gtvh.de